KB058758

운을
끌어당기는
365일

운을 끌어당기는 365일

1판 1쇄 인쇄 2018년 11월 13일 | **1판 1쇄 발행** 2018년 11월 23일

지은이 김승호
발행인 양원석 | **본부장** 김순미 | **편집장** 최두은 | **책임편집** 윤미희
디자인 RHK 디자인팀 남미현, 김미선 | **해외저작권** 황지현 | **제작** 문태일
영업마케팅 최창규, 김용환, 정주호, 양정길, 이은혜, 조아라, 신우섭, 유가형,
 임도진, 우정아, 정문희, 김유정

펴낸 곳 ㈜알에이치코리아 | **주소** 서울시 금천구 가산디지털2로 53, 20층 (가산동, 한라시그마밸리)
편집문의 02-6443-8854 | **구입문의** 02-6443-8838 | **홈페이지** http://rhk.co.kr
등록 2004년 1월 15일 제2-3726호 | **ISBN** 978-89-255-6506-4 (03320)

운을
끌어당기는
365일

김승호 지음

RHK
알에이치코리아

서문

사람은 누구나 오늘을 살면서 미래를 꿈꾸고 있다. 이는 보다 좋은 날을 기대하는 염원일 것이다. 하지만 미래는 뜻한 대로 되지 않고 불확실성의 연속일 뿐이다. 열심히 일했는데 의외의 결과가 나타날 수 있고 특별한 잘못을 하지 않아도 고난이 닥칠 수 있다. 이 모든 것을 우리는 '운'이라고 부른다.

미래를 향할 때 운이 개입하여 사람을 속수무책으로 이끌어 간다. 그저 운이 좋기만 기다려야 하는 것이다. 이 세상 모든 일이 운이라는 뜻은 아니다. 노력한 결과에 엉뚱한 요소가 끼어들 수 있다는 것이다. 어떤 사람은 운의 존재를 부정하지만 일찍이 인류의 조상들은 이미 운을 체험하고 있었다. 인생을 지나고 나서 생각해 보면 누구나 운의 존재를 실감할 수 있다.

불운이나 행운은 인생의 곳곳에 등장한다. 그렇다고 운만 바라보고 현실을 태만히 할 수는 없다. 그래서 인생을 살아가는 일이 어려운 것이다. 모든 일이 순탄한 사람은 운명을 못 느낄 수도 있다. 자신이 잘해서 잘되었다고 믿을 것이다. 그런 사람은 그대로 살아도 무방하다. 다만 운명의 존재를 인정한다면 삶은 더욱 안전할 것이다.

공자는 군자의 세 가지 두려움을 거론하면서 운명을 제일의 항목으로 꼽았다. 운명 앞에서는 누구나 겸손해야 한다. 공자는 평생 그렇게 살았다. 공자는 운명을 미리 짐작하고 고치는 데 전력을 다했다. 운명이란 미래가 미리 정해졌다는 뜻이지만 그렇기 때문에 미래를 바꿀 수도 있다.

이 책에서는 운명을 바꾸는 방법을 제시하고 있다. 나는 이 방법을 열심히 실천해 실제 운명을 바꾼 적이 있다. 지금도 운명을 유도하는 데 대부분 성공하고 있다. 운명 개척의 방법은 알기 쉬운 격언체로 되어 있고 이 모든 것은 심오한 주역(周易)의 원리에 바탕을 두고 있다.

주역은 공자가 평생을 바쳐 연구한 학문으로, 우주 대자연의 모든 섭리가 여기에서 나온다. 운명 개척이란 과학적으로 말하면 자연의 흐름을 유도하는 것인데 우리 인간의 몸과 마음이 갖는 뜻을 활용한 것이다.

시간상에서 일어나는 역사의 전개는 그 모두 뜻에서 뜻으로 이어지는 바, 인간의 운명은 필연적으로 발생하는 것이다. 간단히 몇 가지 예를 들어 보자.

원한을 갖고 사는 사람은 장차 액운을 부르는 바 이는 그 사람의 정체성 때문이다. 주역의 괘상으로는 지수사(䷆ : 地水師)라고 하는데 이 괘상은 재앙이 잠복하고 있는 모습이다. 인간의 마음(영혼)이 이런 자세로 오랜 세월을 보내면 주변 현상을 유도하여 재앙이 만들어진다. 영혼은 시공의 현상마저 지배하는 것이다.

어떤 사람이 아름다운 마음을 가지고 사는 것을 천화동인(䷌ : 天火同人)이라고 하는데 이 괘상은 하늘을 뒤따라가는 모습이다. 영혼이 하늘을 뒤따라가는데 어찌 그 기운을 받지 않을 수 있겠는가.

고난 중에도 기가 죽지 않고 최선을 다해 노력하는 사람을 수뢰준(䷂ : 水雷屯)이라고 하고 이는 새로운 창조의 진통을 의미한다. 어린아이(행운)를 출산하는 순간이다. 사람이 고난 중에도 애쓰면 하늘이 이를 가상히 여기는 법이다.

또 어떤 사람이 항상 남을 위하여 살면 지산겸(䷎ : 地山謙)에 해당 되는데 이 괘상은 화산 폭발의 기운을 품고 있다는 뜻이다.

만물은 뜻을 형성하며 현상이 뒤따르는 것이 주역의 가르침이다. 공자는 주역의 심오한 원리를 체득하고 인생을 온전하게 살 수 있었던 것이다. 공자는 온갖 상서로운 뜻을 품기 때문에 하늘이 그를 도울 수밖에 없었다.

이 책에서 제시하는 365가지 운명 개선 방법 중 하나만이라도 실천하면 반드시 운명을 좋게 바꿀 수 있을 것이다. 운을 모으기 위해서는 행해야 하는 일도 있고, 경계해야 하는 일도 있는 법이다. 이를 두루두루 다뤘으며 항상 염두에 두어야 하는 것은 거듭 강조했다. 나는 여러분이 이에 따라 기적을 만들고 행복해질 것을 굳게 믿는다.

초운 김승호

운을 부르는
2019년

1월

일	월	화	수	목	금	토
		1	2	3	4	5
6	7	8	9	10	11	12
13	14	15	16	17	18	19
20	21	22	23	24	25	26
27	28	29	30	31		

2월

일	월	화	수	목	금	토
					1	2
3	4	5	6	7	8	9
10	11	12	13	14	15	16
17	18	19	20	21	22	23
24	25	26	27	28		

3월

일	월	화	수	목	금	토
					1	2
3	4	5	6	7	8	9
10	11	12	13	14	15	16
17	18	19	20	21	22	23
24	25	26	27	28	29	30
31						

4월

일	월	화	수	목	금	토
	1	2	3	4	5	6
7	8	9	10	11	12	13
14	15	16	17	18	19	20
21	22	23	24	25	26	27
28	29	30				

5월

일	월	화	수	목	금	토
			1	2	3	4
5	6	7	8	9	10	11
12	13	14	15	16	17	18
19	20	21	22	23	24	25
26	27	28	29	30	31	

6월

일	월	화	수	목	금	토
						1
2	3	4	5	6	7	8
9	10	11	12	13	14	15
16	17	18	19	20	21	22
23	24	25	26	27	28	29
30						

7월

일	월	화	수	목	금	토
	1	2	3	4	5	6
7	8	9	10	11	12	13
14	15	16	17	18	19	20
21	22	23	24	25	26	27
28	29	30	31			

8월

일	월	화	수	목	금	토
				1	2	3
4	5	6	7	8	9	10
11	12	13	14	15	16	17
18	19	20	21	22	23	24
25	26	27	28	29	30	31

9월

일	월	화	수	목	금	토
1	2	3	4	5	6	7
8	9	10	11	12	13	14
15	16	17	18	19	20	21
22	23	24	25	26	27	28
29	30					

10월

일	월	화	수	목	금	토
		1	2	3	4	5
6	7	8	9	10	11	12
13	14	15	16	17	18	19
20	21	22	23	24	25	26
27	28	29	30	31		

11월

일	월	화	수	목	금	토
					1	2
3	4	5	6	7	8	9
10	11	12	13	14	15	16
17	18	19	20	21	22	23
24	25	26	27	28	29	30

12월

일	월	화	수	목	금	토
1	2	3	4	5	6	7
8	9	10	11	12	13	14
15	16	17	18	19	20	21
22	23	24	25	26	27	28
29	30	31				

운을 키우는 1년 365일

1월	2월	3월
01	01	01 삼일절
02	02	02
03	03	03
04	04	04
05	05 설날	05
06	06	06
07	07	07
08	08	08
09	09	09
10	10	10
11	11	11
12	12	12
13	13	13
14	14	14
15	15	15
16	16	16
17	17	17
18	18	18
19	19	19
20	20	20
21	21	21
22	22	22
23	23	23
24	24	24
25	25	25
26	26	26
27	27	27
28	28	28
29		29
30		30
31		31

4월	5월	6월
01	01	01
02	02	02
03	03	03
04	04	04
05	05 어린이날	05
06	06 대체 공휴일	06 현충일
07	07	07
08	08	08
09	09	09
10	10	10
11	11	11
12	12 부처님 오신 날	12
13	13	13
14	14	14
15	15	15
16	16	16
17	17	17
18	18	18
19	19	19
20	20	20
21	21	21
22	22	22
23	23	23
24	24	24
25	25	25
26	26	26
27	27	27
28	28	28
29	29	29
30	30	30
	31	

7월	8월	9월
01	01	01
02	02	02
03	03	03
04	04	04
05	05	05
06	06	06
07	07	07
08	08	08
09	09	09
10	10	10
11	11	11
12	12	12
13	13	13 추석
14	14	14
15	15 광복절	15
16	16	16
17	17	17
18	18	18
19	19	19
20	20	20
21	21	21
22	22	22
23	23	23
24	24	24
25	25	25
26	26	26
27	27	27
28	28	28
29	29	29
30	30	30
31	31	

10월	11월	12월
01	01	01
02	02	02
03 개천절	03	03
04	04	04
05	05	05
06	06	06
07	07	07
08	08	08
09 한글날	09	09
10	10	10
11	11	11
12	12	12
13	13	13
14	14	14
15	15	15
16	16	16
17	17	17
18	18	18
19	19	19
20	20	20
21	21	21
22	22	22
23	23	23
24	24	24
25	25	25 성탄절
26	26	26
27	27	27
28	28	28
29	29	29
30	30	30
31		31

스스로 운을 경영해
이루고 싶은 올해의 목표

○

○

○

2019

己亥年

2019년 새해는 간지가 기해(己亥)이고
세운(歲運)은 택지췌(澤地萃)입니다.
이 괘상은 잉어가 용문에 오른다는 뜻이 있는 바
일을 시작할 수 있으며 진출과 축적 등의 운이 있어
온 나라에 행복이 싹트는 한 해가 될 것입니다.
이와 함께 많은 근심이 사라지게 됩니다.

2018

12월

일	월	화
2	3	4
9	10	11
16	17	18
23 / 30	24 / 31	25 성탄절

목	금	토
		1
6	7 11.1 대설	8
13	14	15
20	21 11.15	22 동지
27	28	29

2019

1월

일	월	화
		1
6 12.1 소한	7	8
13	14	15
20 12.15 대한	21	22
27	28	29

목	금	토
3	4	5
10	11	12
17	18	19
24	25	26
31		

2019

2월

일	월	화
3	4 입춘	5 1.1 설날
10	11	12
17	18	19 1.15 우수
24	25	26

목	금	토
	1	2
7	8	9
14	15	16
21	22	23
28		

2019

3월

일	월	화
3	4	5
10	11	12
17	18	19
24 / 31	25	26

목	금	토
	1 삼일절	2
7 2.1	8	9
14	15	16
21 2.15 춘분	22	23
28	29	30

2019

4 월

일	월	화
	1	2
7	8	9
14	15	16
21	22	23
28	29	30

목	금	토
4	5 3.1 청명	6
11	12	13
18	19 3.15	20 곡우
25	26	27

2019

5 월

일	월	화
5 4.1 어린이날	6 대체 공휴일 입하	7
12 부처님 오신 날	13	14
19 4.15	20	21 소만
26	27	28

목	금	토
2	3	4
9	10	11
16	17	18
23	24	25
30	31	

2019

6월

일	월	화
2	3 5.1	4
9	10	11
16	17 5.15	18
23 / 30	24	25

목	금	토
		1
6 현충일 망종	7	8
13	14	15
20	21	22 하지
27	28	29

2019

7 월

일	월	화
	1	2
7 소서	8	9
14	15	16
21	22	23 대서
28	29	30

목	금	토
4	5	6
11	12	13
18	19	20
25	26	27

2019

8 월

일	월	화
4	5	6
11	12	13
18	19	20
25	26	27

목	금	토
1 7.1	2	3
8 입추	9	10
15 7.15 광복절	16	17
22	23 처서	24
29	30 8.1	31

2019

9월

일	월	화
1	2	3
8 백로	9	10
15	16	17
22	23 추분	24
29 9.1	30	

목	금	토
5	6	7
12	13 8.15 추석	14
19	20	21
26	27	28

2019

10월

일	월	화
		1
6	7	8 한로
13 9.15	14	15
20	21	22
27	28 10.1	29

목	금	토
3 개천절	4	5
10	11	12
17	18	19
24 상강	25	26
31		

날

2019

11 월

일	월	화
3	4	5
10	11 10.15	12
17	18	19
24	25	26

목	금	토
	1	2
7	8 입동	9
14	15	16
21	22 소설	23
28	29	30

.1

2019

12 월

일	월	화
1	2	3
8	9	10
15	16	17
22 동지	23	24
29	30	31

	목	금	토
	5	6	7 대설
5	12	13	14
	19	20	21
탄절	26 12.1	27	28

1월 /

1월은 월건(月建)이 을축(乙丑)이고
괘상은 지택림(☷☱: 地澤臨)입니다.
이는 경거망동을 삼가할 때를 가리킵니다.
부서 이동이나 이사, 새로운 사업은 안 됩니다.
여행도 나쁘나 건축은 좋습니다.
오래된 자리나 사업은 크게 안정을 얻고
예전에 연을 맺었던 사람이 찾아올 수도 있습니다.

1월 1일 (화)

운을 고치는 방법은
운을 고치겠다고 마음먹는 것이다.

운을 키우는
오늘의 할 일

운을 부르는
오늘의 다짐

1월 2일 (수)

너그러운 마음은
행운의 기회가 많아지게 한다.

운을 키우는
오늘의 할 일

운을 부르는
오늘의 다짐

1월 3일 (목)

자기방어가 심하면
행운이 뚫고 들어올 방법이 없다.

운을 키우는
오늘의 할 일

운을 부르는
오늘의 다짐

1월 4일 (금)

남의 일에 지나치게 관여하는 사람은
자신의 운명을 돌보지 않는 사람이다.

을 키우는
늘의 할 일

을 부르는
늘의 다짐

1월 5일 (토)

자기 자신을 항상 살피며 고쳐야 한다.
그렇지 않으면 하늘이 나를 잊는다.

운을 키우는
오늘의 할 일

운을 부르는
오늘의 다짐

1월 6일 (일)

산책은 새로운 운명을 부른다.
자주 할수록 이익이 된다.

를 키우는
들의 할 일

를 부르는
들의 다짐

1월 7일 (월)

비겁한 사람은 하늘이 싫어한다.

운을 키우는
오늘의 할 일

운을 부르는
오늘의 다짐

1월 8일 (화)

강한 사람이 되어야 한다.
하늘은 강한 사람에게 기회를 먼저 주는 법이다.

을 키우는
들의 할 일

을 부르는
들의 다짐

1월 9일 (수)

분노는 고독한 운명을 초래한다.

운을 키우는
오늘의 할 일

운을 부르는
오늘의 다짐

1월 10일 (목)

조바심은 멀리 있는 재난을
가까이 불러온다.

을 키우는
늘의 할 일

을 부르는
늘의 다짐

1월 11일 (금)

인색한 사람에게는
하늘도 인색할 것이다.

운을 키우는
오늘의 할 일

운을 부르는
오늘의 다짐

1월 12일 (토)

쓰는 것은 버는 것만큼 중요하다.
남을 위해 한 푼도 쓰지 않는 것은 운명의 문을 닫는 것이다.

을 키우는
늘의 할 일

을 부르는
늘의 다짐

1월 13일 (일)

만나야 할 사람을 오랫동안 만나지 않으면
운은 점점 나빠진다.

운을 키우는
오늘의 할 일

운을 부르는
오늘의 다짐

1월 14일 (월)

사랑을 위해 손해를 본 사람은
하늘이 반드시 보상해 준다.

을 키우는
늘의 할 일

을 부르는
늘의 다짐

1월 15일 (화)

운이 없다고 주장하는 사람은 희망이 없다.
희망이 운이기 때문이다.

운을 키우는
오늘의 할 일

운을 부르는
오늘의 다짐

1월 16일 (수)

시비를 가리는 것을 좋아하는 사람은
운이 빈약해진다.

을 키우는
늘의 할 일

을 부르는
늘의 다짐

1월 17일 (목)

사람이 말하면 성심껏 들어야 한다.
그러면 하늘도 나의 소원을 들어준다.

운을 키우는
오늘의 할 일

운을 부르는
오늘의 다짐

1월 18일 (금)

지나친 절약은 마침내 재난을 부른다.

를 키우는
의 할 일

을 부르는
들의 다짐

1월 19일 (토)

말에 책임을 지지 않는 사람은
행운의 여신이 비껴간다.

운을 키우는
오늘의 할 일

운을 부르는
오늘의 다짐

1월 20일 (일)

포기하는 사람은
하늘도 그를 포기한다.

을 키우는
들의 할 일

을 부르는
들의 다짐

1월 21일 (월)

지나친 자존심은
악마가 좋아하는 마물이다.

운을 키우는
오늘의 할 일

운을 부르는
오늘의 다짐

1월 22일 (화)

사소한 일도 큰일처럼 열정을 가지고 하면
행운이 빨리 찾아온다.

을 키우는
들의 할 일

을 부르는
들의 다짐

1월 23일 (수)

해 보지 않았던 일도
때로는 해 봐야 새로운 운이 열린다.

운을 키우는
오늘의 할 일

운을 부르는
오늘의 다짐

1월 24일 (목)

나만 말하고 남은 말을 못 하게 하는 사람의 권리는
하늘이 빼앗아 갈 것이다.

을 키우는
들의 할 일

을 부르는
들의 다짐

1월 25일 (금)

사람이 밉게 보이기 시작하면
재앙이 가까워지고 있다는 뜻이다.

운을 키우는
오늘의 할 일

운을 부르는
오늘의 다짐

1월 26일 (토)

남에게 베풀지 않는 사람은
하늘로부터 외면당한다.

을 키우는
늘의 할 일

을 부르는
늘의 다짐

1월 27일 (일)

한탄은 운명에 도움이 되지 않는다.
악마에게 약점만 보이게 될 뿐이다.

운을 키우는
오늘의 할 일

운을 부르는
오늘의 다짐

1월 28일 (월)

남을 진정으로 칭찬할 줄 안다면
하늘로부터 상을 받는다.

을 키우는
들의 할 일

을 부르는
늘의 다짐

1월 29일 (화)

사람을 노예로 삼으면
자신은 악마의 노예가 된다.

운을 키우는
오늘의 할 일

운을 부르는
오늘의 다짐

1월 30일 (수)

싸움을 자주 하는 사람은
나쁜 운도 감수하면서 살아야 한다.

을 키우는
늘의 할 일

을 부르는
늘의 다짐

1월 31일 (목)

기쁜 일이 없어도
기쁜 마음으로 살면 하늘의 선물을 받는다.

운을 키우는
오늘의 할 일

운을 부르는
오늘의 다짐

2월

2월은 월건(月建)이 병인(丙寅)이고

괘상은 화뢰서합(☲☳ 火雷噬嗑)입니다.

이는 사업이 활발해진다는 뜻입니다.

새로운 일감이 생기고 친구가 많이 생깁니다.

직함이나 직급 등에서 행운이 있습니다.

새로운 구두를 신고 거리를 활보하면 운이 더욱 좋아집니다.

2월 1일 (금)

행운의 자격을 갖추어야 한다.
제멋대로 사는 사람은 행운이 오지 않는다.

운을 키우는
오늘의 할 일

운을 부르는
오늘의 다짐

2월 2일 (토)

양보를 하면 하늘은
언젠가 천 배의 보상을 준다.

를 키우는
의 할 일

을 부르는
들의 다짐

2월 3일 (일)

공연히 사람을 비웃으면
자신의 운명이 파괴된다.

운을 키우는
오늘의 할 일

운을 부르는
오늘의 다짐

2월 4일 (월)

과장은 거짓말보다 나쁜 것으로
과장하면 손재수가 생긴다.

을 키우는
의 할 일

을 부르는
들의 다짐

2월 5일 (화) 설날

사람을 자주 버리면
나도 하늘로부터 버림을 받는다.

운을 키우는
오늘의 할 일

운을 부르는
오늘의 다짐

2월 6일 (수)

남에게 선물을 잘 주는 사람은
하늘로부터 더 많은 선물을 받게 된다.

을 키우는
늘의 할 일

을 부르는
늘의 다짐

2월 7일 (목)

자신의 단점을 찾아 없애는 것은
행운을 이끌어 내는 강렬한 힘이다.

운을 키우는
오늘의 할 일

운을 부르는
오늘의 다짐

2월 8일 (금)

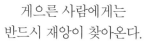

게으른 사람에게는
반드시 재앙이 찾아온다.

을 키우는
늘의 할 일

을 부르는
늘의 다짐

2월 9일 (토)

남을 해쳐서 얻은 이익이
쌓이면 재앙이 된다.

운을 키우는
오늘의 할 일

운을 부르는
오늘의 다짐

2월 10일 (일)

행운을 바라는 것은 좋지만
처음부터 너무 큰 행운을 바라지는 말아야 한다.

을 키우는
의 할 일

을 부르는
는의 다짐

2월 11일 (월)

사람을 구하면 하늘도 나를 구원할 것이다.

운을 키우는
오늘의 할 일

운을 부르는
오늘의 다짐

2월 12일 (화)

괴로운 것이 곧 해로운 것은 아니다.
고통을 이기면 나중에는 복이 된다.

을 키우는
의 할 일

을 부르는
늘의 다짐

2월 13일 (수)

고마움을 모르는 사람은
더 좋은 행운을 기대할 수 없다.

**운을 키우는
오늘의 할 일**

**운을 부르는
오늘의 다짐**

2월 14일 (목)

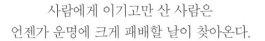

사람에게 이기고만 산 사람은
언젠가 운명에 크게 패배할 날이 찾아온다.

을 키우는
늘의 할 일

을 부르는
늘의 다짐

<u>2월 15일 (금)</u>

예의가 바른 사람은 날이 갈수록
귀한 운명을 맞이하게 된다.

운을 키우는
오늘의 할 일

운을 부르는
오늘의 다짐

2월 16일 (토)

운을 향해서 힘껏 달리는 것이 인생이다.

을 키우는
들의 할 일

을 부르는
늘의 다짐

2월 17일 (일)

자주 배신하는 사람은
결코 자신의 운을 일으켜 세울 수 없다.

운을 키우는
오늘의 할 일

운을 부르는
오늘의 다짐

2월 18일 (월)

하늘은 우울한 사람을 위로하지 않는다.
스스로 명랑한 사람만이 복을 받는다.

을 키우는
의 할 일

을 부르는
의 다짐

2월 19일 (화)

세상에 대한 불만만 쌓으면
액운도 그만큼 쌓인다.

운을 키우는
오늘의 할 일

운을 부르는
오늘의 다짐

2월 20일 (수)

말이 많은 사람은
운명의 재산이 점점 줄어든다.

꿈을 키우는
우리들의 할 일

행복을 부르는
우리들의 다짐

2월 21일 (목)

행동이 천박한 사람은
운명도 천해지는 법이다.

운을 키우는
오늘의 할 일

운을 부르는
오늘의 다짐

2월 22일 (금)

존경받는 사람보다 존경할 줄 아는 사람이 더 훌륭하다.
이 같은 사람은 신분이 점점 귀해진다.

을 키우는
늘의 할 일

을 부르는
늘의 다짐

2월 23일 (토)

나 자신을 원망할지언정 운명을 탓하지 마라.
운명에는 반드시 이유가 있다.

운을 키우는
오늘의 할 일

운을 부르는
오늘의 다짐

2월 24일 (일)

남을 지나치게 꾸짖으면 내 복이 달아난다.

을 키우는
들의 할 일

을 부르는
들의 다짐

2월 25일 (월)

하늘이 내려 준 복은
온화한 마음속에 고요히 찾아오는 법이다.

운을 키우는
오늘의 할 일

운을 부르는
오늘의 다짐

2월 26일 (화)

항상 자기가 잘났다고 생각하는 사람은
크게 화를 당한다.

을 키우는
늘의 할 일

을 부르는
늘의 다짐

2월 27일 (수)

안정은 행운을 부르고 요동은 액운을 부른다.

운을 키우는
오늘의 할 일

운을 부르는
오늘의 다짐

2월 28일 (목)

행복한 눈으로 세상을 바라보면
반드시 행운이 찾아온다.

을 키우는
의 할 일

을 부르는
늘의 다짐

3월

3월은 월건(月建)이 정묘(丁卯)이고
괘상은 화택규(䷥: 火澤暌)입니다.
이는 많은 희망이 생기고
애쓴 보람이 생긴다는 뜻입니다.
여행이나 출장은 아주 좋고 경쟁에서 승리합니다.
뜻밖의 행운이 나타날 수 있습니다.
항상 명랑하면 행운이 더욱 가까이 다가옵니다.

3월 1일 (금) 삼일절

인생에서 할 일은 그 무엇보다도
운명을 가꾸는 것이다.

운을 키우는
오늘의 할 일

운을 부르는
오늘의 다짐

3월 2일 (토)

똑같은 죄를 반복하면
반드시 재앙을 만난다.

을 키우는
늘의 할 일

을 부르는
늘의 다짐

3월 3일 (일)

사업의 성패는 자기 책임이 아닐 수도 있지만
자신의 운명은 반드시 자기 책임이다.

운을 키우는
오늘의 할 일

운을 부르는
오늘의 다짐

3월 4일 (월)

격식을 훌륭히 갖추는 사람은
지위가 높아진다.

을 키우는
들의 할 일

을 부르는
들의 다짐

3월 5일 (화)

집 밖에 나가기를 싫어하면
직업 운이 약해진다.

운을 키우는
오늘의 할 일

운을 부르는
오늘의 다짐

3월 6일 (수)

운은 막연히 기다리는 것이 아니다.
열심히 만들어야 하는 것이다.

키우는
의 할 일

를 부르는
의 다짐

3월 7일 (목)

운명은 나의 그림자이다.
나를 고치면 운명도 달라지는 법이다.

운을 키우는
오늘의 할 일

운을 부르는
오늘의 다짐

3월 8일 (금)

외모를 단정히 하면 행운의 여신이 바라본다.

을 키우는
의 할 일

을 부르는
의 다짐

3월 9일 (토)

열정은 행운을 안내하는 등대와 같다.

운을 키우는
오늘의 할 일

운을 부르는
오늘의 다짐

3월 10일 (일)

반대만 일삼는 사람은 운이 막힌다.

을 키우는
늘의 할 일

을 부르는
늘의 다짐

3월 11일 (월)

운에도 수명이 있다.
좋을 때 방심하거나 나쁠 때 실망하지 마라.

운을 키우는
오늘의 할 일

운을 부르는
오늘의 다짐

3월 12일 (화)

이해심이 적은 사람은
날이 갈수록 액운이 쌓인다.

을 키우는
들의 할 일

을 부르는
들의 다짐

3월 13일 (수)

자기 할 일을 하고 있어야만 운이 찾아온다.

운을 키우는
오늘의 할 일

운을 부르는
오늘의 다짐

3월 14일 (목)

못났거나 잘났거나 항상 겸손해라.
하늘이 잊지 않고 반드시 상을 줄 것이다.

을 키우는
늘의 할 일

을 부르는
늘의 다짐

3월 15일 (금)

마음이 밝으면 동지가 많이 생긴다.

운을 키우는
오늘의 할 일

운을 부르는
오늘의 다짐

3월 16일 (토)

남을 속여 얻어 낸 이익은
나중에 하늘이 몇 배로 걷어 간다.

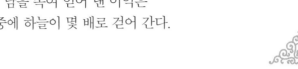

을 키우는
늘의 할 일

을 부르는
늘의 다짐

3월 17일 (일)

자신의 안전을 위해 빚 갚는 것을 미루면
재운이 점점 나빠진다.

운을 키우는
오늘의 할 일

운을 부르는
오늘의 다짐

3월 18일 (월)

매사에 관심을 가지면 새로운 운이 발생한다.

: 키우는
의 할 일

을 부르는
들의 다짐

3월 19일 (화)

하루도 운명이 아닌 날이 없다.
항상 경건한 마음을 가져야 한다.

운을 키우는
오늘의 할 일

운을 부르는
오늘의 다짐

3월 20일 (수)

때로는 사는 곳을 바꾸는 것이
운명을 이끄는 데 유리하다.

을 키우는
의 할 일

을 부르는
의 다짐

3월 21일 (목)

남을 거들지 못하는 사람은
하늘로부터 그와 같은 대접을 받는다.

운을 키우는
오늘의 할 일

운을 부르는
오늘의 다짐

3월 22일 (금)

목소리를 좋게 만들면
운도 반드시 좋아진다.

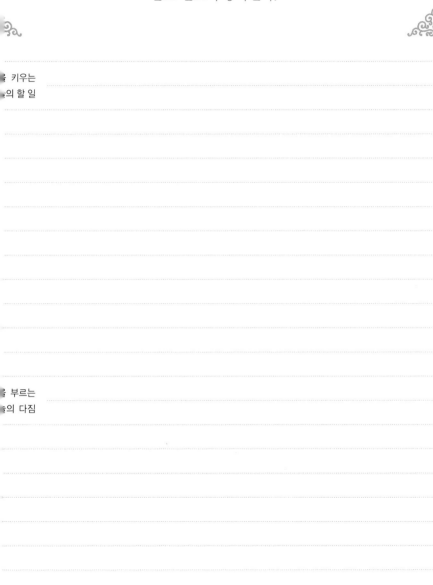

키우는
의 할 일

부르는
의 다짐

3월 23일 (토)

신용이 없는 사람은
악마에게 농락당하게 된다.

운을 키우는
오늘의 할 일

운을 부르는
오늘의 다짐

3월 24일 (일)

뻔뻔한 사람은 운명의 철퇴를 맞는다.

를 키우는
의 할 일

를 부르는
의 다짐

3월 25일 (월)

나에게 나쁜 점이 많으면 빨리 고쳐야 한다.
그렇지 않으면 악운이 찾아올 날이 머지않게 된다.

운을 키우는
오늘의 할 일

운을 부르는
오늘의 다짐

3월 26일 (화)

잔꾀를 자주 부리는 사람은
불운에서 벗어날 수 없다.

을 키우는
들의 할 일

을 부르는
늘의 다짐

3월 27일 (수)

불평불만을 하지 않으면
하늘은 이에 대해 반드시 보상해 줄 것이다.

운을 키우는
오늘의 할 일

운을 부르는
오늘의 다짐

3월 28일 (목)

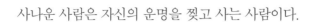

사나운 사람은 자신의 운명을 찢고 사는 사람이다.

을 키우는
들의 할 일

을 부르는
들의 다짐

3월 29일 (금)

항상 인간의 은혜를 생각해야 한다.
행운은 그렇게 열어 가는 것이다.

운을 키우는
오늘의 할 일

운을 부르는
오늘의 다짐

3월 30일 (토)

약속을 잘 지키는 사람은
운명이 견고해진다.

을 키우는
늘의 할 일

을 부르는
늘의 다짐

3월 31일 (일)

오해를 자주 하면
자신의 행운이 점점 소멸된다.

운을 키우는
오늘의 할 일

운을 부르는
오늘의 다짐

4월/

4월은 월건(月建)이 무진(戊辰)이고
괘상은 뇌화풍(䷶: 雷火風)입니다.
이는 저축이 늘고 실적이 쌓인다는 뜻입니다.
집에 있으면 나쁘고 밖으로 나서면 일이 풀립니다.
금전 융통은 호전되고 물건 생산도 잘됩니다.
자식도 잘 자랍니다.

4월 1일 (월)

날마다 새롭게 태어나
새로운 운명을 맞이하라.

운을 키우는
오늘의 할 일

운을 부르는
오늘의 다짐

4월 2일 (화)

자기가 무슨 일을 했는지 항상 살펴야 한다.
자신을 모르는 사람은 하늘의 벌을 받는다.

를 키우는
의 할 일

를 부르는
의 다짐

4월 3일 (수)

윗사람을 잘 받들면
하늘이 반드시 운명을 이끌어 주는 법이다.

운을 키우는
오늘의 할 일

운을 부르는
오늘의 다짐

4월 4일 (목)

사람들이 나를 몰라준다고 화내지 마라.
내가 남을 몰라주면 더 큰 벌을 받는다.

을 키우는
의 할 일

을 부르는
의 다짐

4월 5일 (금)

자연스러운 곳에 행운의 여신이 있고
억지스러운 곳에 악마가 있다.

운을 키우는
오늘의 할 일

운을 부르는
오늘의 다짐

4월 6일 (토)

운이 다하면 인생도 끝난 것이다.
운명 앞에 항상 겸손해야 한다.

을 키우는
들의 할 일

을 부르는
들의 다짐

4월 7일 (일)

인생은 짧지 않다.
운명을 반성하면 언제나 남는 행복이 있다.

운을 키우는
오늘의 할 일

운을 부르는
오늘의 다짐

4월 8일 (월)

노력해도 되지 않으면 운명을 반성하라.

을 키우는
들의 할 일

을 부르는
들의 다짐

4월 9일 (화)

은혜를 쉽게 차 버리는 사람에게는
재앙이 기다리고 있다.

운을 키우는
오늘의 할 일

운을 부르는
오늘의 다짐

4월 10일 (수)

사람의 장점을 보고 평가하고 단점은 용서해야 한다.
그러면 하늘도 내게 그렇게 할 것이다.

을 키우는
늘의 할 일

을 부르는
늘의 다짐

4월 11일 (목)

새로운 장소에 많이 가면 운명이 넓어진다.

운을 키우는
오늘의 할 일

운을 부르는
오늘의 다짐

4월 12일 (금)

지나치게 바쁜 사람은 운을 포기한 사람이다.

를 키우는
의 할 일

을 부르는
의 다짐

4월 13일 (토)

남과 좋은 역사가 있어야 한다.
그렇지 않은 사람은 재앙을 지고 사는 것과 같다.

**운을 키우는
오늘의 할 일**

**운을 부르는
오늘의 다짐**

4월 14일 (일)

자기를 잘 다스리면
행운의 열매가 맺어지는 법이다.

를 키우는
의 할 일

를 부르는
의 다짐

4월 15일 (월)

마음으로만 고마워하고 선물을 아끼는 사람은
복 받을 자격이 없다.

운을 키우는
오늘의 할 일

운을 부르는
오늘의 다짐

4월 16일 (화)

있는 힘을 다하라.
나머지는 하늘이 돕는다.

를 키우는
의 할 일

을 부르는
들의 다짐

4월 17일 (수)

먼 곳까지 자주 걸으면
반드시 행운을 만날 것이다.

운을 키우는
오늘의 할 일

운을 부르는
오늘의 다짐

4월 18일 (목)

필요 없는 멋을 내면
악마가 찾아온다.

키우는
의 할 일

부르는
의 다짐

4월 19일 (금)

반성할 것이 없다고 말하는 사람은 죄가 가득 찬 사람이다.
재앙이 끊임없이 찾아올 것이다.

운을 키우는
오늘의 할 일

운을 부르는
오늘의 다짐

4월 20일 (토)

사람에게 시간을
너무 아끼는 사람은 박복해진다.

을 키우는
의 할 일

을 부르는
의 다짐

4월 21일 (일)

말은 가급적 유식하게 고쳐라.
그래야 신분이 귀해진다.

운을 키우는
오늘의 할 일

운을 부르는
오늘의 다짐

4월 22일 (월)

웃음소리가 너무 크면
재운이 약해진다.

을 키우는
들의 할 일

을 부르는
들의 다짐

4월 23일 (화)

남이 하는 일을 나쁘다고 하지 말고
자신의 운명부터 구해라.

운을 키우는
오늘의 할 일

운을 부르는
오늘의 다짐

4월 24일 (수)

혼자 하는 것은 일이고
하늘과 함께하는 것은 운이다.

을 키우는
의 할 일

을 부르는
의 다짐

4월 25일 (목)

오로지 자기만을 위하는 사람은
행운의 자격이 없다.

운을 키우는
오늘의 할 일

운을 부르는
오늘의 다짐

4월 26일 (금)

잘못 들어섰다고 생각되면 재빨리 탈출하라.
운명은 한없이 많은 법이다.

꿈을 키우는
아이들의 할 일

꿈을 부르는
아이들의 다짐

4월 27일 (토)

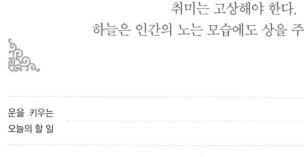

취미는 고상해야 한다.
하늘은 인간의 노는 모습에도 상을 주기 때문이다.

운을 키우는
오늘의 할 일

운을 부르는
오늘의 다짐

4월 28일 (일)

좌절하지 않고 일어서면
운명도 다시 일어선다.

을 키우는
의 할 일

을 부르는
의 다짐

4월 29일 (월)

사람을 멸시하는 사람은
천박한 운명을 맞이하게 된다.

운을 키우는
오늘의 할 일

운을 부르는
오늘의 다짐

4월 30일 (화)

지나친 고집은 악마의 속성이다.
모든 행운의 길을 막을 것이다.

을 키우는
의 할 일

을 부르는
의 다짐

5월/

5월은 월건(月建)이 기사(己巳)이고

괘상은 천뢰무망(☰☳ 天雷無妄)입니다.

이는 돌발적인 일이 일어난다는 뜻입니다.

뜻밖의 일로 놀랄 일이 발생하는 것으로

재난일 수도 있고 행운일 수도 있습니다.

확률이 작은 일이 일어나고 큰 책임이 주어질 수도 있습니다.

오랜 정체에서 풀리며 새로운 사업은

성공 가능성이 높고 작은 일도 성취됩니다.

5월 1일 (수)

인격은 액운을 막는 가장 강한 힘이다.

운을 키우는
오늘의 할 일

운을 부르는
오늘의 다짐

5월 2일 (목)

가까운 곳에 노력이 있고
먼 곳에는 운이 있다.

키우는
의 할 일

부르는
의 다짐

5월 3일 (금)

남에게 준 것을 후회하지 마라.
하늘이 보상해 줄 것이다.

운을 키우는
오늘의 할 일

운을 부르는
오늘의 다짐

5월 4일 (토)

너무 강한 개성은 자랑할 것이 아니다.
운명이 고착되기 때문이다.

키우는
의 할 일

부르는
의 다짐

5월 5일 (일) 어린이날

운명을 고치겠다고 마음먹는 순간
이미 운명은 바뀌고 있다.

운을 키우는
오늘의 할 일

운을 부르는
오늘의 다짐

5월 6일 (월) 대체 공휴일

부당한 절약은 쌓일수록 재앙이 된다.

를 키우는
의 할 일

를 부르는
의 다짐

5월 7일 (화)

단점을 줄여라.
단점은 액운의 원인이 되기 때문이다.

운을 키우는
오늘의 할 일

운을 부르는
오늘의 다짐

5월 8일 (수)

오래된 것을 잊지 말아야 하며 먼 곳을 살펴야 한다.
이것이 재난을 예방하는 방법이다.

을 키우는
들의 할 일

을 부르는
들의 다짐

5월 9일 (목)

홀륭한 사람과 교류를 맺는다면
이는 행운과 교류를 하는 것이다.

운을 키우는
오늘의 할 일

운을 부르는
오늘의 다짐

5월 10일 (금)

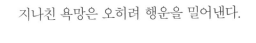
지나친 욕망은 오히려 행운을 밀어낸다.

키우는
의 할 일

을 부르는
들의 다짐

5월 11일 (토)

말은 필요한 만큼만 해야 한다.
길어지는 말은 그만큼 운명의 손해가 된다.

운을 키우는
오늘의 할 일

운을 부르는
오늘의 다짐

5월 12일 (일) 부처님 오신 날

신용이 죽으면 운명도 죽는다.

를 키우는
의 할 일

을 부르는
들의 다짐

5월 13일 (월)

좋은 장소에 오래 머무르면
그곳의 기운이 나에게 와 행운의 문을 열어 준다.

운을 키우는
오늘의 할 일

운을 부르는
오늘의 다짐

5월 14일 (화)

오로지 이성에게만 관심이 있는 사람은
재물이 마르게 된다.

를 키우는
들의 할 일

을 부르는
들의 다짐

5월 15일 (수)

집 안에 필요 없는 물건이 많으면
운에 방해가 된다.

운을 키우는
오늘의 할 일

운을 부르는
오늘의 다짐

5월 16일 (목)

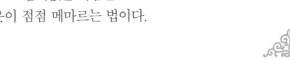

염치없는 사람은
운이 점점 메마르는 법이다.

을 키우는
들의 할 일

을 부르는
들의 다짐

5월 17일 (금)

일은 똑같아도 마음은 새로워질 수 있다.
그래야 운이 붙는다.

운을 키우는
오늘의 할 일

운을 부르는
오늘의 다짐

5월 18일 (토)

인생은 운명의 철도 위를 가는 것이 아니고
그것을 허물고 다시 만드는 것이다.

5월 19일 (일)

나이가 들어도 정신만 늙지 않으면
새로운 희망은 남아 있는 법이다.

**운을 키우는
오늘의 할 일**

**운을 부르는
오늘의 다짐**

5월 20일 (월)

빈말을 자주 하는 사람은
절대로 행운이 쌓이지 않는다.

을 키우는
들의 할 일

을 부르는
들의 다짐

5월 21일 (화)

사람을 귀찮게 여기는 사람은
신분이 점점 낮아지는 법이다.

운을 키우는
오늘의 할 일

운을 부르는
오늘의 다짐

5월 22일 (수)

말끝을 흐리면 오던 운도 가 버린다.

을 키우는
늘의 할 일

을 부르는
늘의 다짐

5월 23일 (목)

말을 잔인하게 하면 행운이 사라진다.

운을 키우는
오늘의 할 일

운을 부르는
오늘의 다짐

5월 24일 (금)

모든 일의 목표를 운에 두어라.

를 키우는
의 할 일

를 부르는
의 다짐

5월 25일 (토)

자기가 점점 잘나게 보인다면
재앙이 바로 문밖에 왔다고 생각해야 한다.

운을 키우는
오늘의 할 일

운을 부르는
오늘의 다짐

5월 26일 (일)

할 수 있다고 생각하면 하늘이 돕는다.

을 키우는
들의 할 일

을 부르는
들의 다짐

5월 27일 (월)

그 누구도 세상의 주인공이 될 수 없다.
그것을 알고 있다면 행운의 기회는 많아진다.

운을 키우는
오늘의 할 일

운을 부르는
오늘의 다짐

5월 28일 (화)

남에 대한 배려가 없는 사람은
하늘의 도움을 받을 수 없다.

키우는
의 할 일

부르는
의 다짐

5월 29일 (수)

세상의 모든 것이 재미없다는 사람에게
남는 것은 액운뿐이다.

운을 키우는
오늘의 할 일

운을 부르는
오늘의 다짐

5월 30일 (목)

마음이 고우면 운명도 곱다.

키우는
의 할 일

부르는
의 다짐

5월 31일 (금)

정직함, 깨끗함, 대범함
이런 것들은 행운의 징조이다.

운을 키우는
오늘의 할 일

운을 부르는
오늘의 다짐

6 월/

6월은 월건(月建)이 경오(庚午)이고
괘상은 천풍구(☰☴: 天風姤)입니다.
이는 사소한 일이 큰 사고로 발전할 징후가 보인다는 뜻입니다.
반성과 화해가 필요합니다.
건강도 각별히 주의하고 남과 다투는 일은 극력으로 피해야 합니다.
여행지에서 사고를 당할 우려가 큽니다.
여성은 힘을 얻으나 남성은 골치 아픈 일이 발생할 수도 있습니다.
소인배와의 교류를 정리하는 것이 좋습니다.

6월 1일 (토)

열심히 일하고 하나를 더 보태라.
그것이 운이다.

운을 키우는
오늘의 할 일

운을 부르는
오늘의 다짐

6월 2일 (일)

언행일치는 최고의 덕이다.
하늘의 축복이 내릴 것이다.

키우는
의 할 일

부르는
의 다짐

6월 3일 (월)

원한은 오래 간직할수록
운명을 파괴할 뿐이다.

운을 키우는
오늘의 할 일

운을 부르는
오늘의 다짐

6월 4일 (화)

열심히 돈만 모은다고 안전한 것이 아니다.
조금씩 운도 모아야 한다.

키우는
의 할 일

부르는
의 다짐

6월 5일 (수)

사람에게 박하게 대해서 남는 것은 남는 게 아니다.
자기 운명만 상할 뿐이다.

운을 키우는
오늘의 할 일

운을 부르는
오늘의 다짐

6월 6일 (목) 현충일

돈 버는 일은 쉬어도
운 버는 일은 계속해야 한다.

을 키우는
늘의 할 일

을 부르는
늘의 다짐

6월 7일 (금)

체면 없이 사는 사람은
편안한 운이 오지 않는다.

운을 키우는
오늘의 할 일

운을 부르는
오늘의 다짐

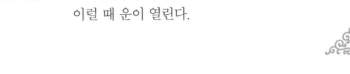

6월 8일 (토)

착한 사람이 되고자 한다면 착한 사람이 되면 된다.
이럴 때 운이 열린다.

키우는
의 할 일

부르는
의 다짐

6월 9일 (일)

남에게 책임을 돌리는 자는
하늘이 돕지 않는다.

운을 키우는
오늘의 할 일

운을 부르는
오늘의 다짐

사랑을 해 보지 않은 사람은
악마가 길을 막는다.

을 키우는
들의 할 일

을 부르는
들의 다짐

6월 11일 (화)

지루하게 살면 운은 점점 나빠진다.

운을 키우는
오늘의 할 일

운을 부르는
오늘의 다짐

6월 12일 (수)

물샐틈없이 꼭 짜여 있는 사람은
행운도 파고들지 못 한다.

을 키우는
들의 할 일

을 부르는
들의 다짐

6월 13일 (목)

재앙을 막는 것만으로도 훌륭하게 사는 것이나
그리 쉬운 일은 아니다. 항상 자신을 낮춰야 한다.

운을 키우는
오늘의 할 일

운을 부르는
오늘의 다짐

6월 14일 (금)

말을 자주 바꾸면 운명이 초라해진다.

키우는
의 할 일

부르는
의 다짐

6월 15일 (토)

내가 다른 사람보다 특별히 나은 점이 있다면
머지않아 행운의 여신이 나타난다.

운을 키우는
오늘의 할 일

운을 부르는
오늘의 다짐

6월 16일 (일)

자신을 낮춰야 한다.
그래야 운명이 개선된다.

키우는
의 할 일

부르는
의 다짐

6월 17일 (월)

오로지 가족만 중시하는 사람은
반드시 외로운 운이 찾아온다.

운을 키우는
오늘의 할 일

운을 부르는
오늘의 다짐

6월 18일 (화)

남을 용서하면 나도 하늘로부터 용서를 받는다.
그래야 행운이 생긴다.

▷ 키우는
의 할 일

▷ 부르는
의 다짐

6월 19일 (수)

먹고, 자고, 입는 것에도 행운이 숨어 있으므로
단정해야 한다.

운을 키우는
오늘의 할 일

운을 부르는
오늘의 다짐

6월 20일 (목)

자신이 복 받을 사람이라고 말하고 다니면
재앙이 기다린다.

을 키우는
의 할 일

을 부르는
의 다짐

6월 21일 (금)

인내심이 강한 사람은
액운을 몰아내는 힘도 강하다.

운을 키우는
오늘의 할 일

운을 부르는
오늘의 다짐

6월 22일 (토)

착한 눈에 행운의 여신이 나타나므로
세상을 곱게 바라봐야 한다.

을 키우는
들의 할 일

을 부르는
들의 다짐

6월 23일 (일)

친절은 행운을 부른다.

운을 키우는
오늘의 할 일

운을 부르는
오늘의 다짐

6월 24일 (월)

자기 일은 하지 않으면서
하늘에 빌기만 하는 사람은 하늘도 어쩔 수가 없다.

를 키우는
의 할 일

를 부르는
의 다짐

6월 25일 (화)

어떤 일도 싫다는 사람에게는
좋은 운이 오지 않는 법이다.

운을 키우는
오늘의 할 일

운을 부르는
오늘의 다짐

6월 26일 (수)

운명이 없다고 말하는 사람은
아주 오만한 사람이다. 재앙을 만나게 된다.

을 키우는
의 할 일

을 부르는
의 다짐

6월 27일 (목)

매력이 있는 사람은
행운의 여신이 돌본다.

운을 키우는
오늘의 할 일

운을 부르는
오늘의 다짐

6월 28일 (금)

잡념이 많으면 좋은 운이 사라진다.

키우는
의 할 일

을 부르는
의 다짐

6월 29일 (토)

운이란 착한 마음으로만 되는 것이 아니다.
그 마음을 실천해야 한다.

운을 키우는
오늘의 할 일

운을 부르는
오늘의 다짐

6월 30일 (일)

이겨야 할 것에 지면 운명에도 진다.
반대로 져야 할 것에 이기면 재앙이 생긴다.

을 키우는
의 할 일

을 부르는
의 다짐

7 월/

7월은 월건(月建)이 신미(辛未)이고

괘상은 천산돈(☶☰: 天山豚)입니다.

이는 고독이 극대화된다는 뜻입니다.

침체되어 있던 사업은 더 어려워집니다.

은신을 권합니다. 분쟁은 패배하고 오해는 증가합니다.

혼사와 계약, 모두 기대할 수 없습니다.

전진은 무용이므로 때를 기다려야 합니다.

7월 1일 (월)

강한 자신감은 일하는 데 좋다.
그러나 운명까지 얻으려면 인격이 필요하다.

운을 키우는
오늘의 할 일

운을 부르는
오늘의 다짐

7월 2일 (화)

해 보기도 전에 지는 사람은
하늘이 외면한다.

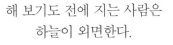

키우는
의 할 일

부르는
의 다짐

7월 3일 (수)

자기 합리화는
악마와 벗하는 것이다.

운을 키우는
오늘의 할 일

운을 부르는
오늘의 다짐

7월 4일 (목)

다툴 일이 생기면 조금 손해를 보더라도 피해야 한다.
분쟁이 있는 곳에서 운명이 파괴된다.

를 키우는
의 할 일

를 부르는
의 다짐

7월 5일 (금)

운을 걱정하지 않는 사람은
이미 위험에 들어선 사람이다.

운을 키우는
오늘의 할 일

운을 부르는
오늘의 다짐

7월 6일 (토)

고난 속에서 더 무너지지 않으면
반드시 액운이 회복된다.

을 키우는
들의 할 일

을 부르는
들의 다짐

7월 7일 (일)

운을 간절히 원하는 사람은
이미 운이 시작된 것이다.

운을 키우는
오늘의 할 일

운을 부르는
오늘의 다짐

7월 8일 (월)

반성은 끝없는 것이다.
운이 나쁘면 더 반성하면 된다.

‌ 키우는
‌의 할 일

‌ 부르는
‌의 다짐

7월 9일 (화)

미운 짓을 하면서 태연한 사람은
인생을 세울 수 없다.

운을 키우는
오늘의 할 일

운을 부르는
오늘의 다짐

7월 10일 (수)

사람을 탓하면 운이 늦어지는 법이다.
자기의 갈 길을 가야 한다.

키우는
의 할 일

을 부르는
의 다짐

7월 11일 (목)

자기주장이 너무 강한 사람은
하늘이 돌보지 않는다.

운을 키우는
오늘의 할 일

운을 부르는
오늘의 다짐

7월 12일 (금)

좋은 일을 하고 대가를 바라지 않으면
그 공은 하늘에 남아 있다.

을 키우는
의 할 일

을 부르는
의 다짐

7월 13일 (토)

헛된 용기는 재앙만 부를 뿐이다.

운을 키우는
오늘의 할 일

운을 부르는
오늘의 다짐

7월 14일 (일)

한 번 잘못은 용서될 수 있으나
계속되면 나쁜 운이 찾아온다.

키우는
의 할 일

부르는
의 다짐

7월 15일 (월)

아는 길만 다니는 사람은
행운을 만날 수 없다.

운을 키우는
오늘의 할 일

운을 부르는
오늘의 다짐

7월 16일 (화)

남의 일을 참견하는 동안
나의 운은 빠져나간다.

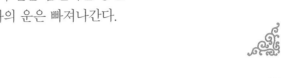

키우는
의 할 일

부르는
의 다짐

7월 17일 (수)

인간에 대한 사랑을 품고 살아야 한다.
그것이 바로 운을 개선하는 방법이다.

운을 키우는
오늘의 할 일

운을 부르는
오늘의 다짐

7월 18일 (목)

남을 용서하면 오던 재앙이 피해 간다.

키우는
의 할 일

부르는
의 다짐

7월 19일 (금)

> 먼 미래를 생각하며 사는 사람은
> 행운을 예약한 것과 같다.

운을 키우는
오늘의 할 일

운을 부르는
오늘의 다짐

7월 20일 (토)

지나친 것은 무엇이든 나쁘다.
운이 쌓이지 않기 때문이다.

키우는
의 할 일

부르는
의 다짐

7월 21일 (일)

절벽 위에 선 듯 조심해야
운을 지킬 수 있다.

운을 키우는
오늘의 할 일

운을 부르는
오늘의 다짐

7월 22일 (월)

이미 끝난 문제를 다시 들추는 사람은
자기 운명만 파괴할 뿐이다.

를 키우는
의 할 일

를 부르는
의 다짐

7월 23일 (화)

일을 십 년간 잘해도 일 년 운 좋음만 못하다.

운을 키우는
오늘의 할 일

운을 부르는
오늘의 다짐

7월 24일 (수)

마음속에 있는 것을 다 쏟는 것은 옳지 않다.
행운이 없어지기 때문이다.

를 키우는
들의 할 일

을 부르는
들의 다짐

7월 25일 (목)

타락은 악운을 불러오는 것이다.

운을 키우는
오늘의 할 일

운을 부르는
오늘의 다짐

자기 재주를 뽐내는 사람은
운이 좁아진다.

을 키우는
들의 할 일

을 부르는
들의 다짐

7월 27일 (토)

할 만큼 하다가 그만둬야 한다.
행운은 순응하는 사람을 따르는 법이다.

운을 키우는
오늘의 할 일

운을 부르는
오늘의 다짐

7월 28일 (일)

나쁜 운도 달게 받으면 액운이 짧아진다.

을 키우는
의 할 일

을 부르는
의 다짐

7월 29일 (월)

인간끼리 서로 돕고 살면
하늘도 도와주는 법이다.

운을 키우는
오늘의 할 일

운을 부르는
오늘의 다짐

7월 30일 (화)

억지로 태도를 꾸미면
악운의 문이 열린다.

키우는
의 할 일

부르는
의 다짐

7월 31일 (수)

해야 할 일을 오래 미루면 재난만 남는다.

운을 키우는
오늘의 할 일

운을 부르는
오늘의 다짐

8 월 /

8월은 월건(月建)이 임신(壬申)이고
괘상은 수풍정(☴☵ 水風井)입니다. 이는 만사형통을 뜻합니다.
재정이 풍부해지고 막혔던 사업은 활성화됩니다.
신규 사업도 쉽게 성공합니다.
새로운 일과 경사가 생기며 투자를 하면 이익이 납니다.
건강이 좋아지고 좋은 인연도 생깁니다.
시험, 취직도 성공하고 가정도 화목합니다.
다만 말을 많이 하면 손해가 생깁니다.
정조준하지 말고 기본만 지키면 됩니다.

8월 1일 (목)

지나간 운에 집착하는 것은
새로운 운을 포기하는 것이다.

운을 키우는
오늘의 할 일

운을 부르는
오늘의 다짐

8월 2일 (금)

일을 되도록 하는 것이
운을 만드는 것이다.

들 키우는
들의 할 일

들 부르는
들의 다짐

8월 3일 (토)

계획을 자주 바꾸는 사람은
하늘이 돕지 않는다.

운을 키우는
오늘의 할 일

운을 부르는
오늘의 다짐

8월 4일 (일)

당연한 도리를 행하지 않고
미안함도 없으면 운은 점점 더 나빠진다.

을 키우는
늘의 할 일

을 부르는
늘의 다짐

8월 5일 (월)

자신을 공연히 높이는 사람은
하늘이 그를 낮출 것이다.

운을 키우는
오늘의 할 일

운을 부르는
오늘의 다짐

8월 6일 (화)

태만한 사람은 재앙이 기다리고 있다.

키우는
의 할 일

를 부르는
의 다짐

8월 7일 (수)

일하고 남는 시간에는 운을 벌어라.

운을 키우는
오늘의 할 일

운을 부르는
오늘의 다짐

8월 8일 (목)

사람과 항상 원만하게 지내야 한다.
그래야 내 운도 잘 풀린다.

를 키우는
의 할 일

을 부르는
들의 다짐

8월 9일 (금)

책을 읽지 않는 사람은
신분이 귀해지지 않는다.

운을 키우는
오늘의 할 일

운을 부르는
오늘의 다짐

8월 10일 (토)

과장된 선은 악보다 나쁘다.
악마가 반드시 찾아온다.

을 키우는
들의 할 일

을 부르는
들의 다짐

8월 11일 (일)

복장을 갖추는 데 있어
편리함만 추구하면 신분이 낮아진다.

운을 키우는
오늘의 할 일

운을 부르는
오늘의 다짐

8월 12일 (월)

큰 뜻 없이 사는 사람은
운명도 보잘것없다.

을 키우는
들의 할 일

을 부르는
들의 다짐

8월 13일 (화)

열심히 일해서 얻은 것도 운일 뿐이다.
이 생각을 유지하면 운은 이어진다.

운을 키우는
오늘의 할 일

운을 부르는
오늘의 다짐

8월 14일 (수)

사람을 무서워하면 악마와 친구가 된다.

키우는
의 할 일

부르는
의 다짐

8월 15일 (목) 광복절

배움이 많아지면 좋은 운명이 모인다.

운을 키우는
오늘의 할 일

운을 부르는
오늘의 다짐

8월 16일 (금)

고초를 겪더라도 사람을 원망해서는 안 된다.
원망이 없으면 액운은 오래가지 않는다.

키우는
의 할 일

부르는
의 다짐

8월 17일 (토)

운이 나쁜데도 자기 방식을 못 고치면
더 큰 재앙이 기다린다.

운을 키우는
오늘의 할 일

운을 부르는
오늘의 다짐

8월 18일 (일)

여행을 자주 하면 운명이 바뀐다.

을 키우는
들의 할 일

을 부르는
들의 다짐

8월 19일 (월)

미안하다는 말 한마디가
액운을 행운으로 바꾼다.

운을 키우는
오늘의 할 일

운을 부르는
오늘의 다짐

8월 20일 (화)

자기 할 일은 없고 남의 일만 하는 사람은
운이 죽은 사람이다.

을 키우는
의 할 일

을 부르는
의 다짐

8월 21일 (수)

지체 높은 사람을 많이 만나면 재운이 생긴다.

운을 키우는
오늘의 할 일

운을 부르는
오늘의 다짐

8월 22일 (목)

사랑을 하려거든 행동이 있어야 한다.
그래야 행운도 오는 법이다.

을 키우는
들의 할 일

을 부르는
늘의 다짐

8월 23일 (금)

운명만 바라고 아무 일도 하지 않으면
액운은 끝나지 않는다.

운을 키우는
오늘의 할 일

운을 부르는
오늘의 다짐

8월 24일 (토)

거짓말을 한다는 것은 사람을 사랑하지 않는 것이다.
이런 사람은 하늘의 사랑을 받지 못한다.

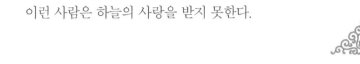

을 키우는
의 할 일

을 부르는
의 다짐

8월 25일 (일)

원칙만으로 사는 사람은
행운이 깃들 여지가 없다.

운을 키우는
오늘의 할 일

운을 부르는
오늘의 다짐

잘못을 인정하지 않으면 행운이 소모된다.

을 키우는
을의 할 일

을 부르는
을의 다짐

8월 27일 (화)

가난만 불안해하는 것은 좋지 않다.
더 나빠지는 운을 걱정해야 한다.

운을 키우는
오늘의 할 일

운을 부르는
오늘의 다짐

8월 28일 (수)

긴 고난을 이겨 내면
큰 행운이 도래하는 법이다.

을 키우는
의 할 일

을 부르는
의 다짐

8월 29일 (목)

수면 부족은 운 부족으로 이어질 수 있다.

운을 키우는
오늘의 할 일

운을 부르는
오늘의 다짐

8월 30일 (금)

남에게 의지할 생각만 하면
오로지 악마만 찾아온다.

을 키우는
들의 할 일

을 부르는
들의 다짐

8월 31일 (토)

하루하루를 살면서 점점 운이 좋아지지 않으면
잘못 살고 있지 않은지 돌아봐라.

운을 키우는
오늘의 할 일

운을 부르는
오늘의 다짐

9 월/

9월은 월건(月建)이 계유(癸酉)이고
괘상은 수산건(䷦: 水山蹇)입니다.
이는 모든 사업이 정체되고 건강도 적신호라는 뜻입니다.
관재수가 우려되니 분쟁을 만들면 안 됩니다.
여행, 이사, 새로운 사업은 금물입니다.
집 안에서도 조심하는 등 활동을 최소화하면
큰 재앙을 면할 수 있습니다.
이달에는 혼사도 피해야 합니다.
사업 부도, 재정 고갈도 예상됩니다.

9월 1일 (일)

일에는 자신을 갖고
운에는 고개를 숙여야 한다.

**운을 키우는
오늘의 할 일**

**운을 부르는
오늘의 다짐**

9월 2일 (월)

언제나 밖을 볼 줄 알아야 한다.
운이란 집 안에서 생기지 않는다.

을 키우는
들의 할 일

을 부르는
들의 다짐

9월 3일 (화)

사람을 좋아하면 반드시 복을 받는다.

운을 키우는
오늘의 할 일

운을 부르는
오늘의 다짐

9월 4일 (수)

나쁜 기분은 재빨리 털어라.
오래 가지고 있을수록 액운이 심어진다.

을 키우는
의 할 일

을 부르는
의 다짐

9월 5일 (목)

남의 일을 화제로 삼기 좋아하면
운을 잃게 된다.

**운을 키우는
오늘의 할 일**

**운을 부르는
오늘의 다짐**

9월 6일 (금)

목표 없이 사는 사람에게는
행운이 생기지 않는다.

을 키우는
늘의 할 일

을 부르는
늘의 다짐

9월 7일 (토)

모험심이 전혀 없는 사람은
새로운 운을 기대할 수 없다.

운을 키우는
오늘의 할 일

운을 부르는
오늘의 다짐

9월 8일 (일)

내가 괴롭다고 푸념하면 안 된다.
조용히 운이 풀리기를 기다려야 한다.

을 키우는
들의 할 일

을 부르는
늘의 다짐

9월 9일 (월)

내게서 사람이 다 떠나면
결국 운명도 떠난다.

운을 키우는
오늘의 할 일

운을 부르는
오늘의 다짐

9월 10일 (화)

운 좋은 사람을 축복하면
나의 운도 좋아진다.

키우는
의 할 일

부르는
의 다짐

9월 11일 (수)

세상을 싫어하면
하늘도 나를 싫어하는 법이다.

운을 키우는
오늘의 할 일

운을 부르는
오늘의 다짐

9월 12일 (목)

자기주장은 적을수록 좋다.
나머지는 하늘이 채워 줄 것이다.

키우는
의 할 일

부르는
의 다짐

9월 13일 (금) 추석

일을 위해 끊임없이 노력하고
운을 위해 더 노력하라.

운을 키우는
오늘의 할 일

운을 부르는
오늘의 다짐

9월 14일 (토)

행운을 마중하듯 기쁘게 걸어야 한다.

키우는
의 할 일

부르는
의 다짐

9월 15일 (일)

슬픔을 오래 간직하면 운이 고착된다.

운을 키우는
오늘의 할 일

운을 부르는
오늘의 다짐

9월 16일 (월)

마음이 단단하여 변치 않는 사람은
운명의 문이 닫힌다.

키우는
의 할 일

부르는
의 다짐

9월 17일 (화)

남을 쓰게 하면서 내가 절약한다면 이는 도둑질이다.
악운이 다 거두어 갈 것이다.

운을 키우는
오늘의 할 일

운을 부르는
오늘의 다짐

9월 18일 (수)

새로운 길을 많이 걸으면
잠자던 운도 깨어난다.

을 키우는
들의 할 일

을 부르는
들의 다짐

9월 19일 (목)

돈을 못 버는 사람도 운을 기대할 수 있지만
운을 못 버는 사람은 아무것도 기대할 수 없다.

운을 키우는
오늘의 할 일

운을 부르는
오늘의 다짐

9월 20일 (금)

포용력이 많은 사람은
하늘이 감싸 안아 줄 것이다.

꿈을 키우는
오늘의 할 일

꿈을 부르는
오늘의 다짐

9월 21일 (토)

하고 싶은 것만 하면 운은 포기해야 한다.

운을 키우는
오늘의 할 일

운을 부르는
오늘의 다짐

9월 22일 (일)

지난 일을 끊임없이 반성하며
경건한 마음으로 미래의 행운을 맞이하라.

을 키우는
들의 할 일

을 부르는
늘의 다짐

9월 23일 (월)

남에게 숙이지 못하는 사람의
등 뒤에는 불운이 와 있다.

운을 키우는
오늘의 할 일

운을 부르는
오늘의 다짐

9월 24일 (화)

사람에게 넉넉하게 대하는 사람은
운이 궁색해지지 않는 법이다.

을 키우는
늘의 할 일

을 부르는
늘의 다짐

9월 25일 (수)

자신의 장점을 끊임없이 찾아서 실천하면
행운의 문이 열린다.

운을 키우는
오늘의 할 일

운을 부르는
오늘의 다짐

9월 26일 (목)

긍정적인 마음은 행운을 부르고
부정적인 마음은 하늘을 멀어지게 한다.

을 키우는
들의 할 일

을 부르는
들의 다짐

9월 27일 (금)

항상 품위를 지켜야 운이 유지된다.

운을 키우는
오늘의 할 일

운을 부르는
오늘의 다짐

9월 28일 (토)

자기 자신이 고쳐야 할 것을 많이 알수록
행운은 쌓인다.

을 키우는
의 할 일

을 부르는
의 다짐

9월 29일 (일)

할 일이 없으면 자기 단점을 찾아라.
그래야 운이 열린다.

운을 키우는
오늘의 할 일

운을 부르는
오늘의 다짐

9월 30일 (월)

진중하지 못한 사람은
항상 운이 흔들리는 법이다.

키우는
의 할 일

부르는
의 다짐

10월 /

10월은 월건(月建)이 갑술(甲戌)이고

괘상은 지화명이(䷣ 地火明夷)입니다.

이는 어두운 세월이라는 뜻입니다. 다만 오래가지 않습니다.

사랑은 밀월, 사업은 밤에 이루어지는 것이 좋습니다.

속옷, 식품, 술 등의 사업은 호황을 맞이합니다.

사적인 일은 풀리고 공적인 일은 막힙니다.

모든 오해는 기다리면 풀리며 비밀은 유지됩니다.

욕심을 내지 않으면 마음은 편합니다.

도난과 분실에 유의해야 하고 건강은 내과 질환에 신경 써야 합니다.

인내심이 많이 필요한 시기입니다.

10월 1일 (화)

일상적으로 주어진 일 외에 할 일이 없다는 사람은
행운을 포기한 사람이다.

**운을 키우는
오늘의 할 일**

**운을 부르는
오늘의 다짐**

10월 2일 (수)

멀리서 온 손님을 박대하면
재운이 나빠진다.

을 키우는
늘의 할 일

을 부르는
늘의 다짐

10월 3일 (목) 개천절

양보하는 사람에게는
하늘이 먼저 상을 내린다.

운을 키우는
오늘의 할 일

운을 부르는
오늘의 다짐

10월 4일 (금)

새로운 사람을 많이 만나는 것은
행운이 올 징조이다.

을 키우는
들의 할 일

을 부르는
들의 다짐

10월 5일 (토)

이미 닥친 운에는 순응하라.
그러나 새로운 운은 애써 만들어야 한다.

운을 키우는
오늘의 할 일

운을 부르는
오늘의 다짐

10월 6일 (일)

재미만 좇는 사람은
마침내 운이 다하게 된다.

을 키우는
늘의 할 일

을 부르는
늘의 다짐

10월 7일 (월)

말을 길게 하는 것은
운이 짧아지게 하는 행위이다.

운을 키우는
오늘의 할 일

운을 부르는
오늘의 다짐

10월 8일 (화)

화해를 하는 것은
행운의 기회를 넓힌다는 뜻이다.

을 키우는
늘의 할 일

을 부르는
늘의 다짐

10월 9일 (수) 한글날

세월을 낭비하면 재앙이 쌓이는 법이다.

**운을 키우는
오늘의 할 일**

**운을 부르는
오늘의 다짐**

10월 10일 (목)

폭넓게 살아야 운이 계속 생긴다.

를 키우는
의 할 일

을 부르는
들의 다짐

10월 11일 (금)

분노가 떠나지 않는 한
액운도 떠나지 않는다.

운을 키우는
오늘의 할 일

운을 부르는
오늘의 다짐

10월 12일 (토)

정신이 흐릿하면 운명에 먹구름이 낀다.

키우는
의 할 일

부르는
의 다짐

10월 13일 (일)

남의 말을 흘려듣는 사람은
행운이 피해 간다.

운을 키우는
오늘의 할 일

운을 부르는
오늘의 다짐

10월 14일 (월)

반성은 영혼을 목욕시키는 것과 같다.
맑은 영혼에는 행운이 찾아온다.

을 키우는
의 할 일

을 부르는
의 다짐

10월 15일 (화)

아름다운 경치를 자주 보는 사람은
하늘의 안내를 받는다.

운을 키우는
오늘의 할 일

운을 부르는
오늘의 다짐

10월 16일 (수)

누군가를 존경하고 있는 한
운명은 끝나지 않는다.

을 키우는
들의 할 일

을 부르는
들의 다짐

10월 17일 (목)

분노는 행운을 걷어차고 불운을 부른다.

운을 키우는
오늘의 할 일

운을 부르는
오늘의 다짐

10월 18일 (금)

분수를 지키지 않으면
운은 좋아지지 않는 법이다.

을 키우는
들의 할 일

을 부르는
들의 다짐

10월 19일 (토)

우유부단한 사람은
언젠가 재앙을 만나게 된다.

운을 키우는
오늘의 할 일

운을 부르는
오늘의 다짐

<u>10월 20일 (일)</u>

운명은 구걸하는 것이 아니다.
내가 만들어 가는 것이다.

을 키우는
들의 할 일

을 부르는
늘의 다짐

10월 21일 (월)

사람을 피하는 것은
행운을 피하는 것과 같다.

운을 키우는
오늘의 할 일

운을 부르는
오늘의 다짐

10월 22일 (화)

지금만 생각하며 사는 것은
액운을 대비하지 못하는 것이다.

을 키우는
들의 할 일

을 부르는
들의 다짐

10월 23일 (수)

남에게 일부러 불쌍하게 보이고자 하는 것은
불운을 부르는 것과 같다.

운을 키우는
오늘의 할 일

운을 부르는
오늘의 다짐

10월 24일 (목)

작은 일에 근심이 많으면
행운이 사라진다.

을 키우는
늘의 할 일

을 부르는
늘의 다짐

10월 25일 (금)

어디에서도 환영받지 못하는 사람은
하늘도 환영하지 않는다.

운을 키우는
오늘의 할 일

운을 부르는
오늘의 다짐

10월 26일 (토)

인간을 위해 손해를 볼 줄도 알아야 한다.
하늘의 보상은 그보다 크다.

을 키우는
늘의 할 일

을 부르는
늘의 다짐

10월 27일 (일)

푸념하는 버릇은 좋은 운을 쫓아낸다.

운을 키우는
오늘의 할 일

운을 부르는
오늘의 다짐

10월 28일 (월)

운이 나쁜 사람이 자신을 살펴보면
고쳐야 할 것이 보인다.

키우는
의 할 일

을 부르는
의 다짐

10월 29일 (화)

힘들다고 물러나면
하늘도 돕지 못한다.

운을 키우는
오늘의 할 일

운을 부르는
오늘의 다짐

10월 30일 (수)

사람과 조화를 이루지 못하면
좋은 운은 생기지 않는다.

을 키우는
들의 할 일

을 부르는
들의 다짐

10월 31일 (목)

미운 사람이라도 곱게 대하면
나의 죄가 사라진다.

운을 키우는
오늘의 할 일

운을 부르는
오늘의 다짐

11월 /

11월은 월건(月建)이 을해(乙亥)이고

괘상은 수뢰준(☵☳ : 水雷屯)입니다.

이는 강력한 실천이 필요한 때라는 뜻입니다.

신규 사업은 힘들지만 마침내 성공합니다.

새로운 계약, 사랑 등은 이루어지고 건강은 좋아집니다.

여행은 나쁘지만 이사는 좋습니다.

우유부단하면 최악의 사태에 직면합니다.

오로지 전진입니다.

고난은 마침내 사라지고 새로운 희망이 생깁니다.

11월 1일 (금)

정작 힘써야 할 곳을 알게 되면
운명이 개척되는 법이다.

운을 키우는
오늘의 할 일

운을 부르는
오늘의 다짐

11월 2일 (토)

자세히 보는 것보다 넓게 보는 것이 좋다.
운은 넓은 곳에서 발생하기 때문이다.

을 키우는
늘의 할 일

을 부르는
늘의 다짐

11월 3일 (일)

남의 실수만 찾는 사람은
자신의 운을 포기한 것이다.

운을 키우는
오늘의 할 일

운을 부르는
오늘의 다짐

11월 4일 (월)

웃음은 악마가 싫어하는 것이나
지나치면 액운이 찾아온다.

을 키우는
들의 할 일

을 부르는
들의 다짐

11월 5일 (화)

변덕이 너무 심하면
불운이 스며든다.

운을 키우는
오늘의 할 일

운을 부르는
오늘의 다짐

11월 6일 (수)

의리가 없는 사람은
결국 액운과 만난다.

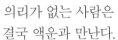

를 키우는
들의 할 일

을 부르는
늘의 다짐

11월 7일 (목)

훌륭한 사람이 준 물건을
가지고 있으면 복이 생긴다.

운을 키우는
오늘의 할 일

운을 부르는
오늘의 다짐

11월 8일 (금)

생각이 발전하지 않으면
운도 발전하지 않는다.

을 키우는
늘의 할 일

을 부르는
늘의 다짐

11월 9일 (토)

만사가 귀찮으면
하늘도 나를 돌보지 않는다.

운을 키우는
오늘의 할 일

운을 부르는
오늘의 다짐

11월 10일 (일)

조금도 손해 보지 않으려는 사람에게는
큰 재앙이 기다리고 있다.

를 키우는
들의 할 일

를 부르는
들의 다짐

11월 11일 (월)

정장을 입지 않는 사람은
행운을 포기한 사람이다.

운을 키우는
오늘의 할 일

....

....

....

....

....

....

....

....

....

운을 부르는
오늘의 다짐

....

....

....

....

....

....

....

....

11월 12일 (화)

고독한 사람은
스스로에게 책임이 있다.

을 키우는
늘의 할 일

을 부르는
늘의 다짐

11월 13일 (수)

한평생 운을 염두하며 일을 열심히 찾아야 한다.
운명이 없는 곳에서는 일도 되지 않는다.

운을 키우는
오늘의 할 일

운을 부르는
오늘의 다짐

11월 14일 (목)

어른을 따르고 아랫사람을 이해하면
운명이 순탄하게 풀린다.

을 키우는
늘의 할 일

을 부르는
늘의 다짐

11월 15일 (금)

애쓰고도 실패하면 그 공은 남는다.
나중에 하늘로부터 보상받는다.

운을 키우는
오늘의 할 일

운을 부르는
오늘의 다짐

11월 16일 (토)

남을 미워하는 만큼 액운이 쌓인다.

을 키우는
늘의 할 일

을 부르는
늘의 다짐

11월 17일 (일)

자기가 애써야 할 일을 남에게 미루면
내 운은 달아나는 법이다.

운을 키우는
오늘의 할 일

운을 부르는
오늘의 다짐

11월 18일 (월)

다른 사람에게 들키지 않은 작은 잘못도
하늘은 자세히 알고 응징한다.

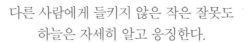

을 키우는
늘의 할 일

을 부르는
늘의 다짐

11월 19일 (화)

하늘은 너그러운 마음을 가진 사람을 보호한다.

운을 키우는
오늘의 할 일

운을 부르는
오늘의 다짐

11월 20일 (수)

불친절한 사람은 하늘이 외면한다.

을 키우는
늘의 할 일

을 부르는
늘의 다짐

11월 21일 (목)

틀 밖으로 나가 보지 않은 사람은
액운에 걸리기 쉽다.

운을 키우는
오늘의 할 일

운을 부르는
오늘의 다짐

11월 22일 (금)

거짓 사랑으로 이익을 챙기는 사람은
하늘로부터 큰 벌을 받는다.

을 키우는
늘의 할 일

을 부르는
늘의 다짐

11월 23일 (토)

운의 자격은 갖추지 않으면서
행운이 올 것이라 믿는 것은 하늘을 모욕하는 행위이다.

운을 키우는
오늘의 할 일

운을 부르는
오늘의 다짐

11월 24일 (일)

유난스러운 사람은 불운의 표적이 된다.

을 키우는
늘의 할 일

을 부르는
늘의 다짐

11월 25일 (월)

남을 속여서 모은 재산은
재앙으로 바뀌게 된다.

운을 키우는
오늘의 할 일

운을 부르는
오늘의 다짐

11월 26일 (화)

요긴하지 않은 일을
길게 이야기하는 것은 행운을 막는 짓이다.

을 키우는
의 할 일

을 부르는
의 다짐

11월 27일 (수)

예의를 싫어하는 사람은
날이 갈수록 신분이 망가진다.

운을 키우는
오늘의 할 일

운을 부르는
오늘의 다짐

11월 28일 (목)

남에게 나의 장점을 들으면 속으로 겸손해야 한다.
그래야 액운이 스며들지 못한다.

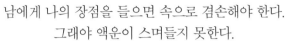

을 키우는
들의 할 일

을 부르는
늘의 다짐

11월 29일 (금)

쩨쩨한 사람은 운명이 빈약해진다.

운을 키우는
오늘의 할 일

운을 부르는
오늘의 다짐

11월 30일 (토)

우월 의식은 뻔뻔한 행위이다.
갑작스런 액운을 만날 것이다.

**을 키우는
늘의 할 일**

**을 부르는
늘의 다짐**

12월 /

12월은 월건(月建)이 병자(丙子)이고

괘상은 산뢰이(☶☳ 山雷頤)입니다.

이는 저축이 쌓이는 등 꾸준한 일이 성공을 거두는 시기라는 뜻입니다.

장기 사업은 아주 좋고 단기 사업은 지연됩니다.

취업이 되고 시험 운도 최상입니다.

사랑은 점점 좋아지며 건강은 극적으로 좋아집니다.

먼 미래의 목표를 추진할 때입니다.

건축, 보수 등은 행운을 이끌어 주나 여행은 안 됩니다.

가정이 원만하고 아이들이 착해집니다.

오래된 빚을 받아 낼 운도 있습니다.

12월 1일 (일)

사람과 어울릴 수 있는 능력은
운명을 좋게 하는 능력이다.

운을 키우는
오늘의 할 일

운을 부르는
오늘의 다짐

12월 2일 (월)

절약을 너무 심하게 하면
반드시 재앙이 온다.

을 키우는
늘의 할 일

을 부르는
늘의 다짐

12월 3일 (화)

인간과의 약속은 하늘과 약속한 것과 같다.
약속을 많이 어기면 복이 달아난다.

운을 키우는
오늘의 할 일

운을 부르는
오늘의 다짐

12월 4일 (수)

항상 하던 노래만 하면 운명이 굳어진다.

을 키우는
들의 할 일

을 부르는
늘의 다짐

12월 5일 (목)

좋은 일은 천천히 하더라도
나쁜 일은 재빨리 멈추어야 한다.

운을 키우는
오늘의 할 일

운을 부르는
오늘의 다짐

12월 6일 (금)

항상 사람을 축복하면
나도 축복받을 날이 올 것이다.

을 키우는
늘의 할 일

2을 부르는
2늘의 다짐

12월 7일 (토)

선물이 쌓이면 행운도 쌓이는 법이다.
이 힘은 액운을 막는 장벽이 된다.

운을 키우는
오늘의 할 일

운을 부르는
오늘의 다짐

12월 8일 (일)

말로써 남의 우위에 서는 사람은
재운이 약해진다.

을 키우는
늘의 할 일

을 부르는
늘의 다짐

12월 9일 (월)

경건한 마음은
나쁜 운명을 치료하는 최고의 약이다.

운을 키우는
오늘의 할 일

운을 부르는
오늘의 다짐

12월 10일 (화)

눈이 진지해야 운이 보인다.
교만은 운을 쫓아낸다.

을 키우는
늘의 할 일

을 부르는
늘의 다짐

12월 11일 (수)

오해를 자주 하는 사람은 재빨리 고쳐야 한다.
운명이 무너지는 중이다.

운을 키우는
오늘의 할 일

운을 부르는
오늘의 다짐

12월 12일 (목)

사람에게 베푸는 것은
하늘에게 베푸는 것과 같아서 반드시 보답을 받는다.

을 키우는
늘의 할 일

을 부르는
늘의 다짐

12월 13일 (금)

변명이 길면 운이 짧아진다.

운을 키우는
오늘의 할 일

운을 부르는
오늘의 다짐

12월 14일 (토)

친구가 많은 사람은 반드시 행운이 있다.

…을 키우는
…늘의 할 일

…을 부르는
…늘의 다짐

12월 15일 (일)

매일 변화하면 새로운 운명이 창조된다.

운을 키우는
오늘의 할 일

운을 부르는
오늘의 다짐

12월 16일 (월)

인간의 품위는
좋은 운을 부르는 절대 행위이다.

운을 키우는
오늘의 할 일

운을 부르는
오늘의 다짐

12월 17일 (화)

재물을 모으려면 반드시 남에게 베풀어야 한다.

운을 키우는
오늘의 할 일

운을 부르는
오늘의 다짐

12월 18일 (수)

내가 정말 쓸 만한 사람이라면
하늘은 반드시 상을 주는 법이다.

꿈을 키우는
오늘의 할 일

꿈을 부르는
오늘의 다짐

12월 19일 (목)

인간의 가장 큰 문제는 자신이 잘났다고 생각하는 것이다.
이것만 없으면 운은 무조건 개선된다.

운을 키우는
오늘의 할 일

운을 부르는
오늘의 다짐

12월 20일 (금)

성인도 운을 두려워하는 법이다.
항상 삼가는 마음을 가져야 한다.

을 키우는
늘의 할 일

을 부르는
늘의 다짐

12월 21일 (토)

자기의 모습을 남에게 솔직하게 보일 수 있는 사람은
죄가 있어도 하늘이 용서한다.

**운을 키우는
오늘의 할 일**

**운을 부르는
오늘의 다짐**

12월 22일 (일)

인간을 자유롭게 해 주는 사람은
폭넓은 운명을 맞이하게 된다.

꿈을 키우는
오늘의 할 일

꿈을 부르는
오늘의 다짐

12월 23일 (월)

몸가짐이 부산스러우면 신분이 천해진다.

운을 키우는
오늘의 할 일

운을 부르는
오늘의 다짐

12월 24일 (화)

장점을 계발하지 않으면
운은 싹트지 않을 것이다.

운을 키우는
오늘의 할 일

운을 부르는
오늘의 다짐

12월 25일 (수) 성탄절

좋은 일을 하면 반드시 행운이 찾아온다.

운을 키우는
오늘의 할 일

운을 부르는
오늘의 다짐

12월 26일 (목)

예의가 없는 사람이 운을 기다리는 것은
물속에서 불을 찾는 격이다.

을 키우는
늘의 할 일

을 부르는
2늘의 다짐

12월 27일 (금)

남을 높이려 애쓰는 사람은
신분 운이 좋아지는 법이다.

운을 키우는
오늘의 할 일

운을 부르는
오늘의 다짐

12월 28일 (토)

실질이 깃들지 않은 사랑은 거짓 사랑이다.
하늘로부터 상을 받을 수 없다.

복을 키우는
오늘의 할 일

운을 부르는
오늘의 다짐

12월 29일 (일)

다시 못 볼 사람에게도 잘 대해야 한다.
이런 사람은 행운의 자격이 생긴다.

운을 키우는
오늘의 할 일

운을 부르는
오늘의 다짐

12월 30일 (월)

남의 장점을 잘 아는 사람은 하늘이 돌본다.

꿈을 키우는
오늘의 할 일

꿈을 부르는
오늘의 다짐

12월 31일 (화)

한 번도 남을 도운 적이 없는 사람은
행운을 기다려도 소용이 없다.

운을 키우는
오늘의 할 일

운을 부르는
오늘의 다짐

이름
....

연락처
....

....

주소
....

....